AF348175

Domine, dabis pacem nobis: omnia enim opera
operatus es nobis.          Isaiæ 26.

# DECLARATION DV ROY,

Portant confirmation de celle du feu Roy LOVIS XIII. pour la continuation des Suffrages, Processions & solemnités obseruées le iour & Feste de l'Assumption de la tres-sacrée Vierge Marie, Protectrice speciale de son Royaume.

## A PARIS,

Chés IACQVES LANGLOIS, Imprimeur ordinaire du Roy, au mont Ste Geneuiefue, vis à vis la fontaine, A LA REYNE DE PAIX.

### M. DC. LII.

*Auec Priuilege de sa Maiesté.*

# DECLARATION DV ROY,

*portant confirmation de celle du feu Roy Loüis XIII. pour la continuation des Suffrages, Processions & solemnités obseruées le iour & Feste de l'Assumption de la tres-sacrée Vierge Marie, Protectrice speciale de son Royaume.*

LOVIS par la grace de Dieu Roy de France & de Nauarre; A tous ceux qui ces presentes Lettres verront, Salut. Le defunct Roy nostre tres-honoré Seigneur & Pere a si heureusement esprouué combien il est vtile à vn Prince Chrestien, pour le gouuernement de ses Peuples, de se fortifier de la grace de Dieu, & d'en demander l'effet par les prieres, qu'il n'a cessé durant sa vie d'implorer sa misericorde & son secours en toutes ses entreprises, par l'intercession de sa tres-sainte Mere la sacrée Vierge Marie, qu'il choisit pour Protectrice speciale de son Royaume, & voulut par vne Declaration solemnelle du dixiesme Feurier 1638. luy consacrer sa personne, son Estat, & ses sujets, & offrir ensuitte sur l'Autel de l'Eglise Metropolitaine de nostre bonne Ville de Paris, sa Couronne & son Sceptre; ayant ordonné que tous les ans, le iour & Feste de l'Assumption, il seroit fait vne commemoration d'vne intention si sainte & si pure, en toutes les Eglises, tant en la grande Messe qu'aux Vespres, par vne Procession generale, à laquelle sont inuités, & doiuent se trouuer & assister les Compagnies Souueraines, & les principaux

A iij

Officiers des Villes ; ce qui a esté pratiqué auec tant
de zele, que la gloire en est retournée à Dieu, &
toutes sortes de prosperités & d'auantages sur nô-
tre Royaume, dont l'enumeration est reseruée à
l'histoire, qui sera pleine des prodiges & succez mi-
raculeux qui ont abbatu l'orgueil de nos ennemis.
Et comme la Reine Regente nostre tres-honorée
Dame & Mere, qui a pour Patronne Sainte Anne,
Mere de nostre Dame, a tousiours eu pour elle des
sentiments tres-particuliers de veneration, & qu'elle nous a aussi donné les mesmes impressions de
deuotion, qui se sont accreuës auec nostre aage;
Nous ne pouuons dauátage differer de renouueller
de semblables vœux à l'honneur de la tres-sainéte
Vierge, à l'intercession de laquelle nous confessons
estre redeuables des faueurs & benedictions du
Ciel, lesquelles ont continué en tous les euenemens
considerables de nostre Regne, par plusieurs ba-
tailles gagnées sur nos ennemis, qui nous ont pro-
duit ensuitte les conquestes de plusieurs de leurs
Villes des plus importantes, tant en Flandres qu'en
Allemagne & Italie ; & mesine Nous auons depuis peu remarqué vne protection plus speciale
de cette Reine des Anges, en ce que tous les orages
qui se sont eleués depuis deux ans au dedans de
ce Royaume, & qui sembloient le menacer d'vne
subuersion entiere, ont esté appaisés & dissi-
pés auec tant de promptitude & de bon-heur,
qu'aujourd'huy le calme est estably dans toutes nos
Prouinces, & de toutes parts on est venu nous
rendre les protestations de respect, d'obeïssance,
& de fidelité : Si bien que maintenant que Nous
auons lumiere des faueurs celestes que Nous auons

recou en tant d'occaſions, Nous voulons teſmoi-
gner les meſmes reconnoiſſances, & faire pareille
ſoubſmiſſion de Nous & de noſtre Couronne à la
ſaincte Vierge, eſperant de joüir long-temps des
effects d'vne ſi forte protection, pour laquelle
meriter, nous auons en preſence de ladite Dame
Reine Regente, noſtre tres-honorée Dame &
Mere, confirmé & confirmons par ces preſentes
ſignées de noſtre main, l'obſeruation des meſmes
ſuffrages, Proceſſions & ſolemnités cy-deuant or-
données, au iour & Feſte de l'Aſſumption, par leſ-
dites Lettres patentes en forme de Declaration
dudit iour dixiéme Feurier 1638. cy attachées ſous
le contreſcel de noſtre Chancellerie : Promettons
de cœur & affection d'y aſſiſter annuellement en
perſonne, autant qu'il Nous ſera poſſible, pour y
rendre nos actions de graces à noſtre Seigneur Ie-
ſus-Chriſt : Et afin de faire concourir les Prieres
de nos Peuples auec nos bonnes intentions; Nous
exhortons le ſieur Archeueſque de Paris, & neantmoins luy mandons de continuer à faire la commemoration de la precedente Declaration & de la pre-
ſente, à la grande Meſſe, qui ſe dira en ſon Egliſe
Metropolitaine; & qu'apres les Veſpres dudit iour,
il ſoit fait la Proceſſion, à laquelle aſſiſteront toutes
les Compagnies Souueraines, & le Corps de Ville,
& que pareille choſe ſoit faite en toutes les Egliſes
Parrochiales, & en celles des Monaſteres de ſa Iu-
riſdiction. Exhortons auſſi & neantmoins enjoi-
gnons à tous les Archeueſques & Eueſques de nô-
tre Royaume, de faire celebrer les meſmes ſolemnités en leurs Egliſes Epiſcopales, & en toutes
les autres de leurs Dioceſes, où ſeront inuitées les

A iiij

8

Compagnies Souueraines, & Officiers principaux
des Villes, & faire admonester vn chacun d'auoir
vne deuotion particuliere à la saincte Vierge, d'implorer en ce iour sa protection, & redoubler l'ardeur de leurs prieres, pour impetrer par elle de
son fils nostre Redempteur la Paix que nous sou-
haitons auec passion, de procurer à nos peuples,
pour lesquels nous auons tant d'amour, que nous
voyons auec sentiment de douleur leurs souffran-
ces, & reclamons en toute humilité la puissance &
la bonté de Dieu, qui seul peut nous donner le
moyen de les soulager. Mandons & ordonnons à
tous nos autres Officiers, Iusticiers & sujets, ainsi
qu'à chacun d'eux appartiendra, de faire obseruer
le contenu en ces presentes, & y tenir soigneuse-
ment la main, CAR tel est nostre plaisir : En tes-
moin dequoy Nous y auons fait mettre nostre scel,
& voulons qu'aux copies deuëment collationnées,
foy soit adjoustée comme à l'original. DONNÉ
à Dijon le iour & feste de l'Annonciation nostre
Dame, vingt-cinquiéme iour de Mars, l'an de grace mil six cens cinquante, & de nostre Regne le
septiéme. Signé, LOVIS. *Et plus bas,*
DE LOMENIE.

*Et scellé du grand scel de cire janne sur double*
*queue.*

# PRIERE DV ROY.

*IESVS-CHRIST Roy du Ciel & de la Terre, ie vous adore & reconnois pour le Roy des Roys : c'est de vostre Maiesté Diuine que ie tiens ma Couronne : Mon Dieu ie vous l'offre, pour la gloire de la Tres-Saincte Trinité, & pour l'honneur de la Reine des Anges sacrée Vierge Marie que ie choisis dés à present pour ma Protectrice, & des Estats que vous m'auez donné ; Seigneur baillez moy vostre crainte & vne si grande sagesse & humilité, que ie me puisse disposer pour estre sacré Roy & homme selon vostre cœur, en sorte que ie merite efficacement le titre aimable de LOVIS DIEV-DONNÉ LE PACIFIQVE pour maintenir vostre peuple en paix, afin qu'il vous serue auec tranquilité : conseruez la Reine ma chere Mere, & nous donnez l'accomplissement de toutes les vertus.*

## VOEV ET PRIERE DES PEVPLES
### pour le Roy.

ADorable Redempteur Iesus-Christ, qui estes le distributeur des Couronnes, receuez la pieté du Roy tres-Chrestien, & exaucez sa priere respectueuse : faites par l'entremise de vôtre saincte Mere Vierge, que l'influence des graces du Saint Esprit luy soit donnée, afin que croissant en aage, il croisse aussi en telle sagesse, qu'il puisse maintenir vostre peuple en paix, pour mieux obseruer vos saints Commandemens.

# AVTRE PRIERE DV ROY,
## au temps de son Sacre.

MOn Seigneur IESVS-CHRIST Roy des Roys, ie vous adore, ie vous benis & vous remercie de m'auoir créé & constitué Roy tres-Chrestien sur vostre peuple. Helas Seigneur, vous auez autres fois choisi le Roy Dauid, qui fut un homme selon vostre cœur; vous auez disposé son fils le Roy Salomon pour gouuerner vostre Peuple, & luy auez inspiré la volonté de vous demander auec humilité la sagesse & la grace de le bien regir auec tant de succez, qu'il en obtint le titre aimable de Pacifique. Mon Dieu ie m'abaisse deuant vostre Maiesté Diuine, ie reconnois que ie suis un ver de terre quand ie vois ce que ie suis & ce que ie puis de moy: mais ie vous supplie, ô grand Dieu, de vous souuenir de mon ayeul, le Roy Sainct Louys: souuenez vous aussi de Clouis premier Roy Chrestien, pour lequel vous enuoyastes miraculeusement l'onction du Ciel; faites ie vous supplie que par cette mesme onction i'obtienne la grace & les dons de vostre Saint Esprit, qui me remplisse de sagesse & de vertus, pour maintenir vostre peuple en paix à vostre gloire & à mon salut.

*LETTRE DV ROY A MONSEIGNEVR L'EVESQVE*
*Duc de Langres , Pair de France , sur la Declaration faite*
*par sa Majesté le 25. Mars 1650. qu'elle a pris la tres-sainte*
*& tres-glorieuse Vierge pour protectrice speciale de son*
*Royaume. .*

MON COVSIN, reconnoissant combien ie suis redeuable à Dieu , des graces & faueurs continuelles que i'en ay receuës en toute sorte de rencontre, par l'intercession de sa tres-saincte Mere , depuis que le feu Roy, Monseigneur & Pere , d'immortelle memoire, eut mis sous sa protection par vne Declaration expresse de l an 1638. sa personne & ses Estats, i'ay desiré renouueller le mesme engagement & les mesmes sousmissions par autres Lettres patentes en forme de Declaration à vous addressantes, en datte du 25. Mars dernier , à Dijon, dont l'original a esté mis dans les Chartres & Archiues de l'Eglise Metropolitaine de ma bonne Ville de Paris , pour estre les Prieres & Ceremonies desia establies, continuées dans vostre Eglise & autres de vostre Diocese , afin d'attirer plus abondamment sur moy, les dons du Ciel, par les actes de pieté de tous mes peuples ; surquoy ie vous escris celle-cy, par l'aduis de la Reyne Regente , Madame ma Mere, pour vous exhorter & conuier de faire publier la presente Declaration auec la precedente , & conformement à icelle , faire continuer les Suffrages, Processions , & solemnitez cy deuant obseruées dans vostre Eglise Cathedrale, ou les Compagnies seront auerties & inuitées d'assister tous les ans, le iour & Feste de l'Assumption, & donner vos ordres , à ce que pareille chose soit faite en toutes les Eglises Parrochiales , & en celles des Monasteres de vostre Iurisdiction , faisant admonester vos Diocesains de redoubler l'ardeur de leurs prieres aux iours & Festes de Nostre Dame , pour obtenir par son intercession la paix, que Dieu seul peut donner ; & me promettant de vostre zele & deuotion que vous contriburez volontiers vos soins pour vn si bon effect, Ie priray la Diuine bonté que vous soyez tousiours , Mon Cousin, en sa saincte garde. Escrit à Libourne le 11. iour d'Aoust 1650. Signé LOVIS. *Et plus bas,* DE LOMENIE.

SEBASTIEN, Euesque, Duc de Langres , Pair de France. La pieté des Roys predecesseurs s'est fait paroistre par les marques qu'ils en ont laissées à la posterité, dignes de la grandeur de leur puissance, & de la Majesté de leur Couronne : mais nous pouuons dire qu'il n'y en a point qui esgale la pensée qu'a eu le feu Roy , de glorieuse memoire, en mettant sa personne & son Royaume sous la protection de la saincte Vierge. Car si les monumens & les fondations faites par ses deuanciers parlent pour eux, & pour leurs sujets, deuant le Trosne de Dieu : Il est certain que la parole de la Sacrée Vierge est sans comparaison plus puissante pour obtenir les faueurs du Ciel, & les attirer sur nos Roys , & sur les peuples ausquels ils commandent ? Qui a-t'il que Dieu puisse refuser à celle qui est sa Mere, qu'il a establie l'Aduocate des hommes, pour parler & pour interceder pour eux ? Elle est appel-

ſte la porte du Ciel, c'eſt par elle que nous y entrons ; elle eſt nom-
mée l'Eſtoile de la Mer, c'eſt à dire celle qui par la lumiere, & par
ſes influences nous conduit parmy les tempeſtes & les orages de cette
vie ? Elle eſt le refuge des pecheurs, la conſolation des affligez, la ſan-
té des infirmes, la force des foibles, l'eſperance & le ſecours de tous
les Chreſtiens. Ce ſont les auguſtes tiltres que l'Egliſe luy donne pour
faire connoiſtre ſa grandeur & ſa puiſſance, au Ciel & en la Terre ;
de ſorte que toutes ces illuſtres qualitez ſont autant de motifs qui ont
perſuadé la pieté du feu Roy, d'offrir à cette ſacrée Vierge Mere, ſon
Sceptre & ſa Couronne, pour en exercer doreſnauant la ſouueraine
authorité ſous ſa ſainte & ſacrée direction : Et c'eſt encore ce qui doit
auoir incité le Roy ſon fils à prendre les meſmes ſentimens de pieté, &
de reuerence enuers elle.

Or comme nous auons vne ſpecialle obligation de nous conformer
comme ſujets, aux loüables & vertueux deſſeins du ſouuerain, nous
deuons embraſſer auec ardeur cette deuotion de ſa Majeſté, enuers la
ſainte Mere de Dieu, & procurer autant qu'il nous eſt poſſible, qu'elle
regne dans les cœurs des François : c'eſt pourquoy nous ordonnons à
tous les Curez & Vicaires des Parroiſſes, ſur leſquels noſtre pouuoir
s'eſtend, & aux autres Superieurs Eccleſiaſtiques & Reguliers de noſtre
Dioceſe, de publier en leurs Egliſes, les volontez du Roy, afin qu'elles ſoient accomplies auec tous les reſpectueux ſentimens qui ſont deüs
à la grandeur & à la ſublimité du ſujet qu'elles regardent.

A cét effet on fera tous les ans vne Proceſſion generale, le iour de
l'Aſſumption Noſtre Dame, la plus celebre qu'il ſera poſſible, ſuiuant
les Lettres patentes de ſa Majeſté cy-deſſus inſerées, laquelle Proceſſion
ſe continuëra à perpetuité à pareil iour, auec les prieres & en la maniere
cy-apres marquée.

*La Procession commencera par les Litanies de la sainte Vierge à l'issuë des Vespres, & au lieu ou se fera la Station, le Chœur chantera au chant ordinaire l'Antienne suiuante.*

Sub tuum præsidium confugimus sancta Dei genitrix. Nostras deprecationes ne despicias in necessitatibus. Sed à periculis cunctis, libera nos semper, Virgo gloriosa & benedicta.

*Ladite Antienne finie, le celebrant presentera à la Ste Vierge, le Roy & ses Sujets, disant :*

PEr te, accessum habeamus ad filium, ô Benedicta Inuentrix gratiæ, Genitrix vitæ, Mater salutis, vt per te nos suscipiat, qui per te datus est nobis. Pijssima Dei mater mediatrix nostra, tuo filio nos reconcilia, tuo filio nos commenda, tuo nos filio repræsenta ; Te namque apud ipsum, hodie Rex noster Ludouicus, & omnis Franciæ populus, te in dominam Aduocatam & Patronam, eligunt & præoptant. Tu quæ es potens auxilium, ac certa spes fidelium, noli nos propter peccata

noſtra reijcere : ſed ſuſcipe nos & tuere ſemper : ô benedicta , per gratiam quam in-
ueniſti , per prerogatiuam quam meruiſti,
per miſericordiam quam petiſti : Et fac, vt
qui te mediante fieri voluit particeps in-
firmitatis & miſeriæ noſtræ, te quoque in-
tercedente , participes nos faciat pacis &
beatitudinis ſuæ , Ieſus Chriſtus filius tuus
Dominus noſter , qui eſt ſuper omnia be-
nedictus in ſæculã.    Amen.


*Puis ſe chantera le Pſalme* Exaudiat , Gloria
Patri & Filio, &c.


℣. Domine in virtute tua lætabitur Rex.
℟. Et ſuper ſalutare tuum exultabit vehe-
menter.

### Oremus.

PRotege Domine famulos tuos ſubſidijs
pacis , & Beatæ Mariæ ſemper virginis
patrocinijs confidentes , à cunctis hoſtibus
redde ſecuros.


DEffende quæſumus Domine ab omni
aduerſitate hoc Franciæ Regnum, &
toto corde tibi proſtratum, ab hoſtium tuere clementer inſidijs.

QVæsumus omnipotens Deus, vt famulus tuus Ludouicus Rex noster qui te miserante suscepit regni gubernacula , & te inspirante se suosque subditos Virginis Matris tuæ patrocinio humiliter subiecit, virtutum etiam omnium percipiat incrementa , quibus decenter ornatus , vitiorum monstra deuitare , hostes superare , & ad te qui via veritas & vita es , gratiosus valeat péruenire. Per Christum Dominum nostrum.

*Tous les ans à la grande Messe de la feste de l'Assumption de Nostre Dame , l'on publiera ce qui s'ensuit immediatement apres l'Offertoire.*

PEuple fidele, le Roy vous fait sçauoir, qu'il a pris la tres-saincte & tres-glorieuse Vierge Marie Mere de Dieu , pour protectrice de sa Personne , de ses Sujets, & de son Royaume , pour obtenir par elle celle de la tres-saincte Trinité.

La solemnité s'en fera ce iourd'huy en l'Eglise de ceans, Et commencera par la procession qui se fera à l'issuë des Vespres.

Que chacun se prepare à ioindre ses prieres à celles du Roy, & de s'offrir auec luy à la bien-heureuse Vierge, à ce qu'il luy plaise, de faire ressentir au Roy, & à son Estat, les effects de sa puissante protection.

*Par apres le celebrant licencira le peuple, le benissant & disant :*

Nos cum prole pia benedicat virgo Maria.

*Fait en nostre Chasteau de Mussy le deuxiéme Iuillet mil six cens cinquante & vn.*

www.ingramcontent.com/pod-product-compliance
Lightning Source LLC
LaVergne TN
LVHW010816180726
843502LV00009B/3370